Denna text skrevs ursprungligen för mina tonårskusiner som snart kommer att lämna skolan bakom sig och ge sig ut i den vuxna världen. Troligtvis kommer nämligen deras karta för denna resa att sakna en viktig del: informationen att en finansiell våg finns att surfa, att deras arbetsliv inte behöver bli längre än 10 år. Hade någon berättat detta för mig då jag var i samma ålder hade min motsvarande resa ut i vuxenvärlden antagligen inte blivit så obekväm och förvirrad, även om jag inte kört i diket som många andra.

Jag vill nu dela denna upplysningsskrift med alla ungdomar som ska ta steget ut i vuxenlivet, och bidra till att de åtminstone får en chans att påbörja sitt äventyr med en fullständig karta.

Kibo Hut
Stockholm, hösten 2019

kibo@kibohut.com

© 2019 Kibo Hut Alla rättigheter reserverade

Till mina kusiner Anna och Gustav

Inför inträdet till vuxenlivet

Vuxna jag träffar uttrycker drömmar om att jobba mindre. De vill ha mer semester, gå ner i arbete och kanske jobba halvtid, ha mer fritid och gå i pension så tidigt som möjligt. Jag vet inte om någon av dem lyckas förverkliga denna dröm, eller om det bara är tomt snack, kanske rentav gnäll. Men jag vet att om de hade känt till det som jag beskriver i denna lilla skrift, så hade de haft all nödvändig information för att förverkliga denna dröm. Det finns nämligen numer en elegant lösning för dem som vill minska på arbetstiden, och som fungerar även för vanligt folk. Jag kallar lösningen för att "Surfa Vågen".

Surfa Vågen innebär att man lever på avkastning från sparade pengar. Man kan fortsätta att jobba som vanligt även då man surfar denna våg, men poängen är att man inte är ekonomiskt tvungen att göra det. Detta är inte något som är förbehållet folk som ärvt stora summor pengar eller som startat lyckade företag som de sålt av med stor vinst, vilket jag själv nog utgick ifrån innan jag kom till insikt för bara några år sedan. Tvärtom kan vilken medelmåtts-Svensson som helst surfa denna våg. Och metoden i sig är dessutom väldigt enkel, åtminstone i teorin:

Under en första arbetsperiod jobbar du hårt och sparar ännu hårdare. De pengar du sparar placerar du i värdepapper, främst aktier, till exempel indexfonder. Du behöver inte kunna något om aktier för att göra detta, det är mycket enkelt. Dessa besparingar i värdepapper utgör din våg. Värdepapprena ger avkastning, det vill säga du får betalt för att ha avsatt pengarna. Ju mer pengar du kan spara undan och ju billigare ditt liv är, desto snabbare kommer betalningarna från vågen, alltså avkastningen från värdepapprena, att täcka dina omkostnader. Det kan gå så snabbt som på 10 år. Pengarna jobbar nu för dig; du behöver inte längre jobba för pengar. Du har då gått från middle-class to kick-ass. Du har en hel våg av "Fuck-You Money", som det heter, till ditt förfogande - du behöver inte längre ta skit av någon i arbetslivet, om så skulle varit fallet. Du har byggt upp din egen pensionsfond och kan göra vad du vill resten av livet.

Märkligt nog känner väldigt få till att man kan surfa denna våg, att även en medelsvensson med låg inkomst kan bli ekonomiskt oberoende på en bråkdel av ett normalt arbetsliv. I min närhet är det bara ett par vänner som jag vet känner till denna livsstil.

Jag minns till exempel hur jag härom hösten i Biarritz kom i förtroligt samtal om aktier och besparingar med Fredrik, som egentligen var min brors kompis och som jag först på denna resa lärt känna närmre. Vi satt på en av de stora balkongerna med fötterna dinglande ner över kanten, med den magnifika utsikten över Atlantens horisont rakt fram och Pyrenéerna i Spanien till vänster, och intog eftermiddagskaffet. Även om Fredrik nämnde att han också spekulerade i råvaror och vissa riskfyllda instrument som jag själv aktade mig för, så kände vi nog båda den mänskliga värme inombords som kommer av att vara inbegripen i ett samtal där man delar ett djupt intresse med en potentiell framtida vän. Det var som om vi blottade en hemlighet vi båda upptäckt men som få andra kände till, nämligen kraften av pengar som sätts i arbete via olika typer av värdepapper. Han anförtrodde mig att hans mål var att en dag ha sparat ihop till en miljon på detta sätt. Kanske kunde avkastningen från den miljonen betala en semester eller två per år för honom, varje år – för evigt, fantiserade han med drömmande blick.

För andra stockholmare från medelklassen, som kämpar med att få ens en tusenlapp över varje månad, och för vilka en besparing på två månadslöner är den största summa de överhuvudtaget kan föreställa sig att nånsin uppnå själva, låter 1 miljon säkert som en överväldigande förmögenhet. Men när jag hörde Fredrik uttala denna summa tänkte jag genast för mig själv: Varför så blygsamma mål? 7 miljoner ska man ha, inte bara 1 miljon. Avkastningen från 7 miljoner betalar hela ens liv med råge, för resten av livet, en evig pensionsfond. Jag hade vid det här samtalets tidpunkt redan sparat ihop 3.5 miljoner, fastän Fredrik nog tjänat mer pengar än mig genom åren, och baserat på denna summa hade jag beslutat mig för att "gå i pension" på så vis att jag sagt upp alla mina konsultjobb och tänkte se vad livet hade att bjuda ett tag, hanka mig fram på sparsamhet och avkastningen från denna våg på 3.5 miljoner.

Det förvånade mig att en smart kille som Fredrik hade upptäckt magin med att spara i värdepapper, men bara tänkte halva vägen. Han hade förstått vilken avkastning man kunde förvänta sig av värdepapper och även formulerat mål att vissa levnadsomkostnader, i det här fallet resor, skulle täckas med avkastningen från det sparade kapitalet. Dessa kostnader skulle alltså surfas med vågen. Han tänkte dock inte steget längre och insåg att med bara lite ytterligare ansträngning skulle ALLA hans kostnader kunna surfas med vågen. Men, som vi ska se, det tog mig själv lång tid att lyckas med denna egentligen uppenbara slutsats, och nu i efterhand har jag svårt att förstå varför jag inte kom till denna enkla men revolutionerande insikt tidigare. Hur som helst, jag serverade inte denna tanke och möjliga målsättning för honom där och då på balkongen i Biarritz. Jag märker att jag ibland är blyg för att göra det, vilket jag tror har sin grund i en rädsla att såra individen ifråga. Har man uppnått en viss ålder och lagt sig till med dyra vanor kan det nämligen vara för sent att börja bygga sig en våg. Man har då inte längre den energi och de förutsättningar som behövs. Och kanske att det då är bättre att aldrig ha hört talas om detta fantastiska alternativ att Surfa Vågen, än att utsättas för bitterheten av att veta att man hade möjligheten men missade den.

Så, Anna och Gustav, med ert kommande intåg i vuxenlivet och på arbetsmarknaden i åtanke sätter jag ihop denna lilla upplysningsskrift om att Surfa Vågen, så att inte ni också går omkring i blindo som de flesta i min och tidigare generationer verkar göra, och som jag själv gjorde tills för en kort tid sen. Alla valmöjligheter i livet finns fortfarande tillgängliga för er, och ni ska givetvis välja precis vad ni känner för - men jag vill att ni i alla fall ska ha hört om valmöjligheten att Surfa Vågen.

Varför Surfa Vågen?

Att Surfa Vågen innebär att man byggt sin egen pengamaskin, så att man själv inte behöver jobba för pengar längre. Och inte bara för en begränsad period, vilket är fallet då man jobbat ihop besparingar för till exempel en större resa, varpå besparingarna tar slut och man är tillbaka på ruta ett. Utan för resten av livet, år efter år, för all framtid.

När jag skulle skriva detta tänkte jag att det hade varit bra med några konkreta exempel på personer som inte känner till detta med att Surfa Vågen men som hade haft stor nytta av att ha känt till det, för att belysa fördelarna med att ha ordnat sitt liv på detta vis. Jag började tänka igenom vänner och bekanta för att hitta något exempel, och det visade sig när jag gjorde denna övning att faktiskt samtliga vänner och bekanta, förutom en eller två som redan var fullt upplysta, hade haft stor fördel i livet av att veta vad Surfa Vågen är! Det skulle bli ett för omfattande kapitel att nämna alla dessa, så jag har valt ut några exempel som representerar olika livssituationer. Kanske att fördelarna med att Surfa Vågen är alldeles uppenbara och att jag nu slår in öppna dörrar, men här följer i vilket fall dessa exempel.

Anders heter en kille som gick i min gymnasieklass. Tillsammans med sin tjej hyr han en lägenhet i Ystad, men de drömmer om att flytta till en gård någon mil utanför stan istället. En gård där nere kostar omkring 3 miljoner kr, och därpå ca 5000 kr i månaden i drift. Men eftersom de båda är egenföretagare vill inte banken bevilja dem bolån, och de sitter därför fast i den där sunkiga lägenheten i stan. Varför har de inte egna pengar för att lösa detta problem? De är lika gamla som jag, de är högbegåvade, högutbildade och atleter med full hälsa. Hur kommer det sig att individer med dessa attribut är luspanka fortfarande när de närmar sig 40 års ålder? Vad har de gjort hela sina liv, sen de slutade skolan? Jo, det som jag också gjorde tidigare. De har levt utan en plan och snabbt spenderat de pengar som tillfälligt samlats ihop. De har inte haft någon uttänkt kompasskurs i livet, de har inte känt till att det finns en våg att surfa. Hade de gjort det hade deras situation varit helt annorlunda nu. Jag har inte varit någon stjärna vad gäller att bygga våg, både på grund av att jag började alldeles för sent och på grund av att jag de första fyra åren av mitt arbetsliv hade en mycket låg lön. Men hade de bara presterat på min låga nivå hade de tillsammans kunnat köpa en gård kontant och fortfarande ha tillräckligt mycket över av sin våg för att täcka månadskostnaden plus mat i all evighet. Det hade inte blivit något lyxliv, men det hade gått runt, och ytterligare inkomster från eventuella arbeten skulle bli rena fickpengar att spendera hur som helst. Men det är antagligen för sent för dem nu. De planerar barn, och med det kommer ytterligare kostnader och ett barnansvar som kräver mycket tid och energi. Perioden i deras liv då de kunnat ägna full kraft åt arbete och sparande och bygga våg att leva av är förbi. Det tåget har redan gått. Tyvärr visste de antagligen inte ens om att detta tåg fanns att ta.

Anders har en syster, Sofia, som också kan tjäna som ett bra exempel på någon som hade haft en betydligt bättre tillvaro med en våg att surfa på. Sofia avskyr svensk vinter, vilket kanske de flesta gör i och för sig, men hon gör det med särskild intensitet och har därför de senaste åren flytt till Indien under vinterhalvåret. Detta har utvecklats till hennes livsstil: hon kommer hem till Sverige till våren, jobbar ihop pengar, så till hösten reser hon iväg igen. Jag träffade henne när jag var nere i Ystad i somras, och fick då höra att hon troligtvis inte skulle lyckas samla ihop tillräckligt med pengar detta år, men tänkte åka ändå och lösa det på plats på något vis. "Hellre hora i fält än att kitta på kasern", som en kompis sa i lumpen, med hänvisning till att han inte pallade lägga energi på minutiösa förberedelser inför insats utan hellre tog smällen i fält (att "hora" betyder i detta sammanhang att kämpa och slita). Jag kommenterade att det var modigt av henne att ge sig iväg utan att ha det ekonomiska tryggat, varvid hon replikerade: Jag tycker det är modigare av er att stanna kvar i Sverige på vintern. Det var en kvick kontring, som jag dock inte höll med om. Jag reflekterade senare också över hur livet skulle bli framöver för henne. Hon var nu över 30 år, ännu med tillräcklig energi och styrka för att ta tag i nya jobb varje sommar i Sverige. Men hur skulle det bli när hon blir äldre? Och hur skulle det bli när hon inte skulle orka jobba alls längre, när hon skulle behöva gå i pension? Att ta lågbetalda jobb om somrarna bygger inte upp någon pension precis, det skulle bli minimipensionen för henne (garantipensionen), vilket idag är omkring 7000 kr i månaden. Då slog det mig att detta nog är en ofantlig summa för henne, som lärt sig leva mycket sparsamt för att klara sig hela året på bara några månaders arbete, och jag slutade oroa mig. I vilket fall: hon tycker givetvis att det suger att behöva ta de där skitjobben om somrarna i Sverige, och har antytt att drömmen vore att vara på resa hela tiden. Hade hon haft en våg att surfa på hade hon kunnat vara det. Och givet att hon kan gå runt på så lite pengar hade det inte behövts någon stor våg, hon hade säkert kunnat byggt upp den på fem år om hon hade jobbat heltid. Men hon har inte byggt upp någon våg. Istället ruttnade hon först på universitet i flera år, och fick studieskulder, och har därefter varje vinter förbrukat den summa pengar hon byggt upp under den föregående sommaren i Sverige. Därför måste hon varje sommar, år efter år, gå under de okvalificerade skitjobbens ok – de jobb som hon nu denna sommar tyckte så illa om att hon fick fysiska men av det i form av ryggbesvär och fick säga upp sig.

Johan är en kille i Göteborg som jag jobbade för under min konsultperiod, som jag blev god vän med och nu umgås privat med. Segling är Johans och hans frus största intresse. Under en middag hemma hos dem då vi åt gott och även drack en del vin berättade de om sina fantasier om att genomföra en långsegling jorden runt. Det kittlade även min fantasi, och det blev att jag och Johan ofta återkom till detta ämne då vi umgicks. Jag förstod efter ett tag att långsegling hela tiden, som livsstil, var den riktiga drömmen. En båt för den här typen av segling kunde man tydligen komma över för omkring 300 000 kr, och därpå menade Johan att man får räkna med månadskostnader på omkring 8000 kr för mat, hamnavgifter och underhåll av båten. De kunde föreställa sig att greja en två-årssegling runt jorden med sparade pengar, men vad gällde den fullständiga seglarlivsstilen var de tvungna att vänta tills pensionering vid 65 års ålder. Jag reflekterade för mig själv: hade Johan och hans fru känt till hur pengar kan arbeta för en och byggt upp en gemensam våg - de var lite äldre än mig och hade bra löner så det hade inte alls varit omöjligt – då hade de utan problem kunnat förverkliga denna dröm. Då hade de kunnat köpa en sån där båt, en inte alltför dyr men som ändå fungerar utmärkt för långsegling för två personer, och samtidigt ha rejält med pengar över investerade i vågen som skulle ge avkastning nog för att täcka den beräknade månadskostnaden med god marginal. De skulle kunna segla omkring på världshaven i resten av sina liv utan att pengarna skulle ta slut. Men detta kände de uppenbarligen inte till, för jag hörde aldrig Johan nämna detta som ett finansieringsalternativ till långsegling. De hade dock påbörjat ett gemensamt sparande till en eventuell långsegling, men så gifte de sig med tillhörande utomlandsbröllop som ruinerade dem. Så långseglingen är väl längre bort än nånsin. Det är samma mönster hela tiden: folk bygger upp besparingar, men sen dödar de hönan som skulle kunna ge ägg åt dem, istället för att göda den och leva av äggen. De äter upp besparingarna, som skulle kunna ge avkastning. Och deras drömmar förblir oförverkligade.

Olofsson heter en god vän från lumpen som just sagt upp sig från en större webbyrå för att starta något eget. På en lunch nyligen höjde vi blicken och pratade om detta att han kastat loss från den trygga anställningen, och jag var nyfiken på vad han nu ville jobba med, hur han vill forma sin tillvaro. Programmera är det han kan och gillar, och han berättade att drömmen vore att få till en app som blir populär och ger honom passiv inkomst så att han slipper jobba för pengar och istället kan göra precis vad han vill. Det vill säga det han egentligen vill är att surfa vågen. Kanske att han får till en sån där app, men kanske inte; det vore fantastiskt om det händer, men sannolikheten är liten. Att under en period arbeta hårt och spara ännu hårdare och därmed bygga upp rejält med kapital är däremot en mycket säker väg till finansiell vågsurf. Men detta berättar jag inte för honom, fastän jag är hans goda vän ända sen militärtjänsten nästan 20 år tillbaka. För det är antagligen för sent för honom att bygga denna våg. Med ett andra barn just fött är perioden i hans liv då han kunnat ägna full kraft åt arbete och sparande och bygga våg att leva av allra troligast förbi. Jag tror att information om finansiell vågsurf bara skulle göra Olofsson och övriga i hans situation bittra, eftersom denna fantastiska chans gått dem förbi medan de inget ens visste, och jag undviker därför att upplysa dem om detta alternativ i livet.

En kille jag lärde känna i studentkorridoren på Lappis i Stockholm och som jag fortfarande har sporadisk kontakt med, Pierre, uttalar också ofta att han skulle vilja jobba mindre och ha mer fritid. Men samtidigt vill han inte dra ner på sin konsumtion. Han vill ha en toppmodern bil, den senaste mobiltelefonen, den slimmaste Macdatorn, den värsta racern för landsvägscykling, den fetaste TVn och han vill åka på solsemestrar om vintrarna. Han är väl medveten om vart hans pengar försvinner varje månad, så jag undrar hur mycket allvar han egentligen menar när han nämner detta om att ha mer fritid. Det verkar hur som helst inte vara något han prioriterar, även om han givetvis också hade tyckt det varit gött om han kunde behålla sin nuvarande livsstil utan att jobba. Men vad jag ville skriva i samband med Pierre var ett pedagogiskt exempel på valet mellan att äta kakan och ha den kvar; på valet mellan att spara lite av pengarna för att senare kunna njuta av ledig tid och att spendera alla pengar direkt, nämligen då Pierre som student köpte en bil (!). Mitt ekonomiska liv under studenttiden var organiserat som så att jag under vinterhalvåret jobbade extra på helger och levde mycket sparsamt så att jag till sommaren hade samlat ihop tillräckligt med pengar för att kunna vara helt fri juni-juli-augusti, den korta tid det var sommar i Sverige och då jag absolut inte ville låsa in mig inomhus. "Fan alltså, man ska leva som dig!" kommenterade Pierre flera gånger med blandad beundran och avund, och hänvisade till mina helt lediga sommarlov. Så en vår köpte han den där bilen för 14 000 kr, vilket råkade sammanfalla med den summa jag sparat ihop för att klara mig igenom hela sommaren utan att arbeta. För mig kunde valet mellan att äta kakan och ha den kvar inte bli tydligare, och jag minns hur jag påpekade detta för Pierre då han visade upp bilen för mig utanför korridoren på Lappis: du inser väl att du just bytt ut hela din sommarfrihet mot denna bil? (Och mer än så, för en bil har många dolda kostnader också, men det kände jag ännu inte till vid detta tillfälle.) Pierre mumlade kort något halvt skamset, och fortsatte sen att förevisa bilens bekvämligheter och finesser.

Slutligen vill jag ta som generellt exempel alla unga som gjort entré på arbetsmarknaden, individer från min generation och de yngre. Det nya pensionssystemet har visat sig resultera i ganska tunna pensioner för många, särskilt för dem som inte jobbat heltid hela livet eller som inte haft tjänstepension i sina anställningsavtal. Politikerna i Europa pratar nu dessutom om att höja pensionsåldern i och med att köttberget, 40-talisterna, går i pension och en liten andel arbetande befolkning ska försörja förutom sig själva även denna större andel pensionärer. Jag tror många i min generation och yngre som just påbörjat sina arbetsliv känner en dos av hopplöshet vad gäller pensionen, kopplad både till att livet som pensionär antagligen blir fattigt och till en osäkerhet kring när arbetslivet egentligen kommer att ta slut – nu pratas det om att höja pensionsåldern från 65 år till 67 år, men hur mycket mer måste den höjas för att systemet ska fungera om 30 år, då det borde börja bli dags för min generation att gå i pension? Sätt Surfa Vågen i kontrast till denna pensionsängslan: Om du kan lära dig att leva smart och sparsamt och lägga undan lite mer än hälften av din inkomst från lönearbete, vilket är fullt möjligt idag i Sverige även med lägsta möjliga löner, så är ditt uppskattade arbetsliv inte 40 år eller 50 år eller hur långt man nu kan befara att det blir, utan bara 10 år. Känn på den. Efter 10 år av "jobba hårt - spara hårdare" kan man gå i pension med sin egen pensionsfond, och göra precis vad man vill resten av livet.

*

Jag är övertygad om att många i min omgivning hade haft ett bättre liv om de surfat vågen. Men de har ingen aning om att detta alternativ i livet finns, och nu är det för sent för dem. De har köpt dyra bostäder och bilar, de har gift sig och skaffat barn, de har befäst vissa vanor och en viss nivå av bekvämlighet. De är en bit över 30 år allihop och har inte längre ungdomens energi och överflöd av tid för att kunna bygga upp en surfingvåg. Hade de fått information om vågsurf i 20-årsåldern kanske deras liv sett annorlunda ut idag. Det är därför jag vill ge er den här lilla skriften, så att ni åtminstone får höra detta innan det är för sent också för er, om ni skulle vara intresserade av att Surfa Vågen.

Anna och Gustav, mina kära kusiner, vad vill ni göra med era liv? Vad vill ni syssla med, vad vill ni jobba med? Vad kommer ni att ha för mål med er tillvaro? Anna, du har pratat om att bli författare. De flesta som försöker sig på det lyckas inte försörja sig utan får ta lågbetalda extrajobb för att hanka sig fram, vilket kan vara romantiskt i unga år men när man blir äldre, och dessutom kanske har barn, är det riktigt sunkigt. Jag skulle råda dig: skaffa dig ett jobb, vilket som helst, jobba hårt och spara hårdare i 10 år, sen är du ekonomiskt oberoende och kan vara författare i resten av livet, oavsett om du får betalt för det eller inte! Läs på universitet om du vill, men se till bara så att åren du förlorar där senare betalar igen sig med bättre betalda jobb, liksom en investering. Om det är för din intellektuella utveckling du söker dig till universitet så finns allting numer gratis på nätet eller på biblioteken istället. Och du kommer att ha tid och energi till att skriva en hel del medan du jobbar också ska du se, under den där första intensiva perioden. Gustav, du gillar datorer och spel och programmering. Du har nämnt att du skulle vilja bli youtubare som Pewdiepie, vilket kanske var en barnslig dröm du redan släppt. Men jag kan tänka mig att du skulle vilja ha nåt liknande det som Olofsson i exemplet tidigare vill, det vill säga nån typ av passiv inkomst från en lyckad insats och med detta leva det najsiga livet. Jag tror det är det alla vill, innerst inne. Dina föräldrar påpekar envist och även lite oroat att youtubare inte är något smart yrkesval, att det är väldigt få som lyckas, och det håller jag verkligen med om. Detsamma gäller de appar som Olofsson drömmer om att sätta ihop. Man ser bara de som lyckas, man ser inte de tusentals förlorare som försöker samma sak men inte lyckas, och risken är stor att man själv bara blir en av dessa förlorare om man ger sig in på detta spår. Mitt råd är, återigen: skaffa dig ett jobb, vilket som helst, jobba hårt och spara hårdare i 10 år, sen är du fri. Det är en mycket säkrare väg till det najsiga livet.

Hur uppnår man Surfa Vågen?

Men kan det verkligen stämma att man kan gå i pension efter bara 10 års arbete? Ett vanligt arbetsliv är ju 40 år eller längre - det låter rätt extremt att kunna checka ut redan efter 10 år. Visst har man hört om folk som lever på sitt kapital, som lever på ränta, men är inte det kändisar som tjänat en väldig massa miljoner? Eller folk som ärvt enorma förmögenheter? Eller entreprenörer som fått loss en gigantisk summa pengar då de sålt sina framgångsrika företag? Eller enstaka galningar som chansat stort med familjens besparingar på någon högriskaktie och råkat vinna? Kan verkligen medelmåtts-Svensson, såna som ni och jag, vanliga medelklassmänniskor med vanliga jobb – kan verkligen vi också leva detta fria liv efter bara 10 års arbetsinsats?

Svar ja. Men det kräver att man under en initial period, 10 år kan räcka, jobbar hårt och sparar ännu hårdare och därmed bygger upp en våg att surfa på, och att man efter dessa 10 år fortsätter med en livsstil som är inom ramen för ens våg. Det gäller att ens levnadsomkostnader täcks av avkastningen från ens pengar, så man inte börjar tugga av själva kapitalet. Bara äta äggen från hönan; inte nacka hönan och äta även den, för då blir det inga fler ägg. Då blir det att gå tillbaka till det slaveri det innebär att vara beroende av lönearbete.

Sparande i aktier har historiskt gett en årlig genomsnittlig avkastning på omkring 7%, justerat för inflation. Vissa år givetvis mycket mer, och vissa år mycket mindre, men i genomsnitt över tid omkring 7%. Med den nivån på avkastning kan man surfa vågen redan efter 11 års arbete, om man kan spara undan hälften av sin inkomst. Det vill säga: kan man spara undan hälften av sin lön varje månad, och stoppar den i börsen som växer med 7% per år, kan man efter 11 år sluta jobba. De 7% som ens besparingar växer med återinvesteras under dessa 11 år parallellt med insättningar av lönen, men efter 11 år kan man sluta lönearbeta och istället ta ut denna avkastning och betala alla sina levnadsomkostnader med, år efter år. Får man ut 25 000 kr per månad i lön efter skatt, och kan leva på hälften av detta (12 500 kr) medan den andra hälften placeras i aktier, har man efter 11 år en våg på knappt 2.4 miljoner kr (baserat på 7% årlig avkastning som återinvesteras). 7% av 2.4 miljoner kr är 168 000 kr, vilket är 14 000 kr per månad. Om man fortsätter sin livsstil som kostade en halva lönen (12 500 kr per månad), kan man nu sluta jobba för pengar eftersom ens våg ger en mer än så i avkastning (14 000 kr per månad). Och detta gäller inte bara för en begränsad period. Tar man inte ut mer från vågen än vad den tillväxer med (7%) behålls vågens storlek, och den ger en dessa 14 000 kr per månad varje år, för resten av ens liv.

Med lite planering och självdisciplin kan alltså ens "fängelsestraff" på arbetsmarknaden förkortas avsevärt. Och det behövs inte alls något fräsigt jobb med fet lön för detta ändamål. För det är inte storleken på lönen som avgör när man kan börja surfa, utan hur stor andel av sin lön man kan spara undan. Tjänar man 50 000 kr per månad istället för 25 000 kr som i det föregående exemplet, och sparar undan hälften av denna lön varje månad och placerar på börsen, så är ens uppskattade arbetstid likaledes 11 år. Efter 11 år har man då en våg på drygt 4.7 miljoner kr, vilket ger 329 000 kr per år eller 27 400 kr per månad vid 7% årlig avkastning. Detta är mer än de 25 000 kr man kunde leva på under arbetstiden, så om man behåller denna kostnadsnivå kan man nu surfa vågen.

Anledningen till att det tar lika lång tid till surf även om lönen är dubbelt så stor är att levnadsomkostnaderna i detta exempel också var dubbelt så stora, vilket krävde en dubbelt så stor våg. Hur lång tid man måste spendera på arbetsmarknaden innan man kan surfa kokar faktiskt ner till en enda variabel, nämligen hur stor andel av lönen man kan spara undan. Kan man spara undan 60% av sin lön istället för 50% som i exemplen ovan har man förkortat arbetstiden från 11 år till 8 år, oavsett inkomstnivå. Om man har lönen på 50 000 kr som i det andra exemplet, men levnadsomkostnader på 12 500 kr som i det första exemplet, det vill säga man sparar undan 75% av sin lön varje månad, är ens uppskattade arbetstid endast 5 år.

*

Dessa uppskattningar baserade på en 7% stadig årlig tillväxt och uttag vid surf bör ses som förenklingar för att introducera den generella idén. Det är egentligen lite mer komplicerat och mindre förutsägbart att uppnå vågsurf.

En förenkling är att uttaget på 7% från aktierna antas vara skattefria, medan inkomst från kapital ofta beskattas med 30% i verkligheten. Men det finns lagliga sätt att ducka stora delar av denna skatt. Med ett så kallat investeringssparkonto eller en kapitalförsäkring betalar man 30% skatt på en liten antagen vinst, för närvarande på 1.25%, oavsett vilka vinster man egentligen gör. Dessutom kan man istället för att stoppa pengarna i en indexfond köpa en termin med hävarm baserat på indexet. Då behöver man bara ha 15% av pengarna på sitt investeringssparkonto eller i sin kapitalförsäkring, vilket innebär att bara 15% av pengarna är underkastade den antagna vinsten och beskattas medan övriga 85% plötsligt undviker detta och kan rentav tjäna in (beskattad) ränta på ett räntekonto med insättningsgaranti. Vinsterna från din investering är dock oförändrade som om 100% skulle arbeta i investeringssparkontot eller på kapitalförsäkringen. Det är vissa transaktionskostnader förknippade med denna metod, men sammantaget blir den effektiva skatten väldigt låg. Detta är bara ett sätt att optimera avkastningen på som jag råkat snappa upp, det finns säkert många andra och bättre sätt.

En annan förenkling är aktiebörsens antagna stadiga tillväxt jämfört med de väldiga svängningar den uppvisar i verkligheten. Givet risken att aktiebörsen tillfälligt kan gå dåligt, och även falla ner i djupa krascher, kan man faktiskt bli tvungen att äta delar av hönan (själva kapitalet) under dåliga år. Men det finns strategier att ta till för att minska denna risk. Den amerikanske surfaren JL Collins föreslår att man när väl vågen är byggd kan ha 25% av sitt kapital i obligationer (lånebaserade investeringar som växer långsammare men som är stabilare). Under dåliga börsår, som inte brukar hålla i sig längre än tre år i sträck, surfar man helt enkelt på denna reserv istället. Då aktiebörsen återhämtat justerar man till 75% aktier/25% obligationer igen.

En alternativ metod kan vara att planera för ett lägre uttag från sina aktier. I surfa-vågen-sammanhang brukar 4% föreslås som en försiktigare uppskattning på hur mycket man kontinuerligt kan tanka ur sin våg och samtidigt undvika torka, istället för 7% som i mina exempel. Denna siffra härstammar från simuleringar av scenarion där man påbörjat vågsurf vid olika tillfällen i historien, alltså även situationer då man antas sluta jobba och istället reser sig upp på brädan för att surfa på sina investeringar i aktier just innan en börskrasch. Resultaten visade att om man inte tankar ut mer än 4% av sin våg under goda år, och inte äter mer än 4% utav hönan under dåliga år, så är chanserna väldigt goda att vågen räcker livet ut (och i många fall även växer till en enorm storlek). Med detta försiktigare uttag skulle arbetstiden bli 15 år om man kan spara halva sin lön, 12 år om man kan spara 60% och 7 år om man kan spara 75%.

En tredje metod, som kan kombineras med de andra två, är att vara en flexibel surfare. Om aktiebörsen kraschar kanske man kan undvika att resa jorden runt just det året, eller rentav ta något tillfälligt jobb om inte frugalitet visar sig vara tillräckligt.

Beräkningarna i mina exempel med en stadig årlig börstillväxt och obeskattade vinster kan förefalla vara alltför optimistiska. Men invändningar från dessa grunder rör bara arbetslivets längd, inte själva surfens princip i sig; de handlar om några år hit eller dit i din uppskattade tid till surf. Jag skulle vilja påstå att genom att använda aktiebörsen som en kraftmaskin kan man sluta jobba långt före sin 40-årsdag, även med rejäla säkerhetsmarginaler runt sin våg, om man bara kan se till att spara undan minst hälften av sin lön. Det finns faktiskt många som har lyckats med detta, även om få känner till dem.

*

När det kommer till att Surfa Vågen är det bättre att fokusera på att bli en lättviktssurfare med låga kostnader, vilket inte kräver så särskilt stor våg, än att vara en tungviktssurfare som kräver en rejäl våg. Att bygga upp en stor våg som ska klara av höga levnadsomkostnader kräver en hög lön, vilket kan vara svårt att uppnå. Det kan krävas att man lyckas göra karriär, och kanske inte inom vilken bransch som helst heller, medan att dra ner på kostnader är en enkel sysselsättning som vem som helst med framgång kan ägna sig åt. Att ha höga omkostnader är som att hänga en tyngd runt benen när man surfar: man hamnar djupare i vattnet, det är svårare att accelerera då man paddlar, och vågornas kraft räcker inte för att ge en skjuts framåt. Vågorna rullar förbi medan man paddlar sig trött. Men en lättviktssurfare behöver inte ta många paddeltag för att få upp fart, och vågornas rullningskraft är sen tillräcklig för att bära surfaren framåt.

Man bör alltså fokusera på ett effektivt och sparsamt liv, istället för att jaga stora pengar med hopp om att kunna bibehålla dyra levnadsvanor. Det är i detta sammanhang bättre att fokusera på försvarsspel än anfallsspel, för att göra en liknelse. Det spelar ingen roll hur många mål du gör (hur hög inkomst du har), om du har stora hål i din försvarslinje och släpper in lika många mål själv (höga levnadsomkostnader).

Jag upplevde samma sak när jag för några år sen försökte lära mig simma crawl, med ganska dåligt resultat. Det var inte så mycket kraften att ta mig framåt jag saknade, tror jag, utan rörligheten i framförallt axlar för att uppnå ett bättre flytläge, få upp hela kroppen längs med vattenytan, och på så vis få bort motstånd. Med mina axlar som försvårade en korrekt kroppsposition simmade jag som en plog genom vattnet. Det krävdes en stor kraftansträngning för att komma framåt, till varje nytt armtag hade min fart avstannat och jag var tvungen att accelerera igen. Så är det ekonomiska livet för de flesta. De kämpar sig trötta men kommer inte framåt; de förbrukar all sin kraft men står ändå still. Hade de tagit bort lite motstånd (kostnader) hade de fått bättre glid. Om man dessutom skulle addera en lätt vågkraft (avkastning från kapital) hade de snart kommit framåt utan att simma alls själva längre.

Det ska också understrykas att det inte krävs några speciella kunskaper om aktier och börsen för att bygga upp en våg, vilket jag märkt att många tror när de hör talas om detta. När de får höra att folk med helt vanliga jobb byggt upp miljonbelopp i besparingar tänker de att detta givetvis bara varit möjligt tack vare några magiska börstrix, som de själva tyvärr inte känner till. Men man behöver inte känna till något speciellt om börsen eller aktier för att bygga upp en våg; man behöver inte vara utbildad inom finans eller studera företags kvartalsrapporter eller följa internationella ekonominyheter. Man behöver bara veta en sak om börsen: att man ingenting vet. Liksom Sokrates utpekades av oraklet som den visaste av alla just för att han erkände för sig själv och andra att han inte visste något räcker denna insikt: jag vet inte vilka aktier som kommer att gå bra eller dåligt framöver, och det vet inte du heller. Därför placerar man sina besparingar med god spridning över hela världen och över alla branscher med hjälp av billiga indexfonder.

Det är ingen pina att uppnå vågsurf

Ska man alltså plåga sig med hårt arbete och hårt sparande under de bästa åren av sitt liv, medan andra njuter och reser och festar? Ska man i 10 år underkasta sig självspäkelse i stil med Martin Luther i sin inledande munkperiod, då han med knäna mot det hårda stengolvet i klostrets källare rabblade psalmer nätterna igenom böjd över bibeln i sin munkkappa? Och sen fortsätta att späka sig resten av livet genom att inrätta sin tillvaro efter den fattiga avkastning som surfvågen ger, bara för att korta ner sitt arbetsliv?

Så kanske surfbygge och medföljande vågsurf kan uppfattas av en nybörjare, och det framstår då som en omöjlighet att å ena sidan "leva livet" och å andra sidan spara pengar för att bygga upp våg. Men faktum är att man inte behöver ha ett så mycket annorlunda liv än andra för att bygga upp sin våg på kort tid; kanske rentav att en betraktare utifrån vid ett ytligt ögonkast inte skulle kunna avgöra vilka det är som bygger våg och vilka det är som spenderar hela sin lön och kör bankkontot i botten varje månad. Det enda man behöver göra är att injicera en liten dos förnuft i sina verksamheter, så att de organiseras och genomförs kostnadseffektivt. Man kan leva ett lika gott liv som andra arbetande, men tack vare att man reflekterar en smula över hur saker och ting kan göras på bästa sätt, där bästa i det här fallet betyder till lägst kostnad, får man varje månad stora delar av sin inkomst över, och vågen kan byggas.

Men det kan också vara härligt att under perioder kämpa och underkasta sig kärvhet. Själv tycker jag mig ofta märka hur känslor av lycka och tillfredsställelse just kommer ur kontrasterna i övergången från kärvhet till bekvämlighet. Fjällvandra och märk hur fantastiskt det är med en vanlig bastu och dusch, istället för att åka på lyx-spa för att uppnå denna njutning. Genomför ett styvt fyspass och njut av enkel mat, istället för att softa hela dagen och sen gå på dyr restaurang för att få en matupplevelse. Det är faktiskt inte långsökt att hävda att det avskalade, strävsamma livet med muskler istället för motorer för privata ändamål och tid för sig själv och vänner istället för shopping är det goda livet, och om man bara klurar ut teknikerna för denna livsstil så byggs vågen upp av sig själv som en bieffekt, vare sig man vill det eller inte, eftersom detta liv också är ett lågkostnadsliv.

Kostnadseffektivitet: strömlinjeforma livet
Det är att sträva efter kostnadseffektivitet som är nyckeln till att kunna bygga våg och samtidigt ha ett gött liv precis som alla andra. Med kostnadseffektivitet menar jag att i varje situation tänka på hur verksamheten kan optimeras ekonomiskt, samt att inse att det för vissa verksamheter medföljer så stora kostnader att de inte är värda att ägna sig åt.

Att gå på bio är till exempel en härlig aktivitet, och den tillhörande kostnaden på 100 kr gör inget stort hål i plånboken. Kanske att 150 kr också hade varit acceptabelt, om filmen är bra. Men 200 kr börjar bli dyrt, och 1000 kr skulle ingen betala. Då är det inte värt pengarna längre; det är inte längre kostnadseffektivt. Då spenderar man hellre pengarna på något annat, eller sparar dem.

Detta är bara sunt förnuft. Att inte sträva efter kostnadseffektivitet i sin privatekonomi är faktiskt irrationellt. Det är att slänga pengar i sjön, vilket inte känns bra för dem som annars bekänner sig till förnuftet som den bästa vägledaren i tillvaron. Enklare uttryckt: att inte sträva efter kostnadseffektivitet är att vara korkad, vilket inte känns bra för dem som i övrigt strävar efter att inte vara korkade.

Med kostnadseffektivitet som ledstjärna tar man bort allt det onödiga, och behåller bara det nödvändiga. Man tar bort allt brus, och behåller signalen. Liksom man städar ur sin garderob och gör sig av med allt man ändå inte använder; går ner i vikt och blir av med överflödigt fett, som bara är till besvär och orsakar sjukdom; skriver kort och elegant programmeringskod, som är effektiv och enkel att förstå, utan svamlande blaj som förfular.

Att sträva efter kostnadseffektivitet är mycket enkelt. Man gör bara följande:

1. Identifiera syftet med aktiviteten. Vad utgör själva kärnan?

2. Lista ut hur man kan uppfylla syftet på det mest effektiva sättet, det vill säga till så låga kostnader som möjligt.

När jag till exempel ska träffa min kompis Per, som är en mycket inspirerande vågbyggare, är syftet att samtala. Detta brukar kombineras med middag hemma hos honom eller hos mig, eftersom det är trevligt att samtala över mat, och äta middag måste man ändå göra. Det kan finnas en poäng i att äta ute på restaurang istället, om man sätter ett värde till den service, miljö och matupplevelse en restaurang erbjuder. Då är detta också ett syfte, och frågan blir hur man uppfyller det till lägsta möjliga kostnad. Men vi ser inget särskilt värde i den typen av upplevelse, så för oss räcker det med middag hemma. Och middag blir något billigt, gott och näringsrikt. Att tillaga något dyrt, eller att äta ute på restaurang för dyra pengar, hade inte bidragit med något värde till vår upplevelse. Det hade bara varit en extra kostnad, utan extra effekt, kort sagt: det hade varit mindre kostnadseffektivt. De pengar vi båda undviker att förlora på icke-kostnadseffektiv middag pumpar vi rätt in i respektive vågor, samtidigt som vi känner oss lika tillfredsställda som de som istället väljer att bränna pengarna på restaurang.

Min bilresa runt Europa en sommar som 23-åring, då jag i juni kommit ut från ett års militärtjänst med 50 000 kr i fickan, kan tjäna som ytterligare ett exempel för att belysa begreppet kostnadseffektivitet. Tillsammans med några kompisar köpte jag en Audi 100 kombi som vi körde söderut med genom Tyskland och längs Frankrikes kust, därpå över Spanien och vidare till Italien, ner till Sardinien där vi stannade i tio dagar för att äta upp oss hos vänner, så vidare upp till italienska bergen, sen rätt upp genom Europa och österut till Baltikum. Först i mitten av augusti kom jag tillbaka till Stockholm, med endast ett par tusenlappar kvar.

Det var ett härligt sommaräventyr med kompisarna, därom tvivlar jag inte. Men hade det kunnat genomföras smartare? Vad var egentligen syftet med resan? Var syftet att ha en spännande upplevelse med bil tillsammans, där vi sov i buskar och andra ställen vi gömde oss på, och njöt av det oförutsägbara och äventyrliga livet? I så fall kanske vi inte hade behövt köra ända ner till södra Europa, det kanske hade räckt med att hålla sig i Norden eller norra Europa, och på så vis kunnat få samma behållning till en lägre kostnad. Var syftet att se stora delar av Europa? Då kanske tågluffa hade varit ett smartare alternativ. Kanske var syftet ytterligare något annat, eller en blandning av dessa båda; hur som helst var jag nog inte medveten om något av dessa syften då det begav sig, utan det kändes väl bara "kul" utan att jag brydde mig om varför. Jag vet inte säkert. Men jag vet att om jag hade begränsat mig till att bränna blott hälften av pengarna den där sommaren och investerat den andra hälften, alltså 25 000 kr, så hade den kunnat vara värd uppåt 70

000 kr idag (räknat med 7% årlig avkastning som återinvesteras, ej uppräknat för inflation), vilket är en gedigen summa våg.

Denna resa var bara en i raden av en mängd korkade resor jag gjorde, där jag utan insikt i kostnadseffektivitet och pengars kraft om och om igen gjorde slut på alla mina besparingar. Och jag tror inte att jag är ensam om detta. Jag misstänker att resor för många är en aktivitet som slukar mycket vilsna pengar och möjligheter. Även om jag brukade göra precis samma sak blir jag ofta chockad när jag hör hur mycket pengar folk spenderar på resor - folk som annars är panka eller rentav ligger på minus om man räknar med deras lån.

Avslutningsvis vad gäller begreppet kostnadseffektivitet skulle jag vilja nämna kategorin där man hittar de mest häpnadsväckande exemplen på icke-kostnadseffektiva aktiviteter, nämligen bröllop. Och då menar jag inte rika Hollywoodstjärnors absurda tillställningar, för dessa individer är ofta absurda i alla andra avseenden också, utan jag menar den svenska medelklassens typiska bröllop. Ett bröllop kan vara en fantastisk fest, förvisso, och annat vore väl inte att vänta då man samlar vänner och släkt till en lycklig fest med mat och dryck och tal och musik under samma tak en sommarkväll. Det blir ett härligt partaj, som man dessutom länge kan glädjas åt i minnet. Men notan för denna fest landar ofta på flera hundra tusen kronor, inte sällan uppåt en halv miljon om man räknar med alla gästers omkostnader vad gäller resor, boenden och presenter. Det vore som att gå på bio för 20 000 spänn – kul, javisst, men är det vettigt att spendera denna summa pengar på detta vis? Kanske hade man kunnat ordna en lika bra fest med precis samma gäster och ha lika kul till bara en bråkdel av kostnaden? Men, som David Henry Thoreau observerade även på 1800-talet i USA: medelklassen ser hur de rika gör, och vill göra likadant. Därav alla tjusiga kläder, blomster, kristallglas och silverbestick; därav den ståtliga lokalen; därav inhyrd fotograf, inhyrd serveringspersonal, inhyrda musiker; därav alla presenter; därav allt detta kungliga icke-kostnadseffektiva dyra trams som inte tillför något. Problemet är bara att medelklassen inte har råd med detta, utan får som konsekvens fortsätta att sälja sina kroppar och själar till lönearbete ända upp i hög ålder, under det att läpparna mumlar att de allra helst hade velat jobba mindre och ha mer fritid.

*

Sammanfattningsvis: för att uppnå Surfa Vågen, gör till en vana att granska alla era aktiviteter från ett kostnadseffektivitets-perspektiv. Lev ett enkelt, minimalistiskt och frugalt liv. Ni kommer att märka att ni blir lyckligare än de flesta omkring er samtidigt som pengar från era löner läggs på hög på era bankkonton. Sätt dessa pengar att arbeta på aktiebörsen. Nånstans mellan 30 och 40 års ålder kan ni dra er tillbaka från betalt arbete och börja tänka på vad ni egentligen vill göra med era liv.

Min egen historia

Själv upptäckte jag inte det här med att Surfa Vågen förrän jag var 32 år gammal, vilket egentligen var 10 år för sent. Vid denna ålder börjar surfare annars resa sig på brädan och släppa jobbet. Men som tur var hade jag sedan barndomen lärt mig att strypa utgifter och spänna bågen mot framtida mål, och i det tidiga vuxenlivet underkastade jag mig en lågkostnadslivstil som jag sedan behöll. På så vis började min våg oavsiktligt byggas redan 4 år tidigare, vid 28 års ålder, och när jag väl upptäckt Surfa Vågen hade jag lätt för att anpassa mig till dess filosofi.

Jag minns att jag som tolvåring greps av en stark lust att köpa ett tält, och inte vilket tält som helst, utan ett tunneltält av den bästa modellen – ett sånt som min farbror hade haft när han paddlade från Stockholm ner till oss i Ystad, ett äventyr och en prestation jag beundrade stort. Tältet kostade 3000 kr, vilket var en enorm summa för en tolvåring på den tiden, och att det knappt fanns några jobb för barn i min ålder försvårade situationen ytterligare. Man hörde om grannbarn som kunde få en tia för att klippa gräsmattan eller något annat trädgårdsarbete, men detta råkade vara pappas favoritsysselsättningar, så den möjligheten till inkomst hade jag inte. Jag tror att jag började dela ut reklam vid den här tiden, vilket kunde ge någon hundralapp i månaden extra och som tillsammans med veckopengen kom att utgöra mina intäkter. Men för att spara ihop de där 3000 kronorna över vintern till följande sommar, då jag ville ha tältet, krävdes det framförallt att jag ströp utgifter. Jag tror inte jag köpte någonting under hela den hösten och vintern och våren, utan la istället alla pengar på hög och följde med ett diagram på kylskåpet hur mina besparingar bit för bit närmade sig tältets kostnad. Till sommaren hade jag fått ihop pengarna, och köpte tältet.

Jag tänker så här i efterhand att denna tältutmaning var något av det bästa mina föräldrar kunde ha gett mig. Det hade inte varit några problem för dem att köpa tältet till mig rakt av, men genom att jag tvingades spara ihop till det själv fick jag pannben och mentala muskler, som jag har haft god användning av även senare i livet. Tältet är förresten fortfarande i gott skick, 25 år senare, och levererade trygga och mysiga nätter när jag vandrade i Sarek nu i september.

En annan period av från många perspektiv, däribland vågsurfsperspektiv, gott karaktärsskapande genomgick jag under militärtjänsten på Arméns Fallskärmsjägarskola. För att överhuvudtaget komma in på denna utbildning krävdes det att man närde sitt pannben och sina mentala muskler och att man spände sin själs båge. Under själva utbildningen blev dessa karaktärsdrag ytterligare befästa genom de dygnslånga fysiska prov som utgjorde formella krav för att bli godkänd och som förflyttade ens idé om vad man faktiskt var kapabel att klara en god bit bortom ens tidigare gränser, och genom långa och krävande övningar då man släpptes med fallskärm djupt in i skogen med endast det man bar i ryggsäcken att klara sig under flera veckor på. Jag kan inte säga annat än att jag vid tidpunkten för avklarad militärtjänst var väl rustad för att kunna fälla ner det privatekonomiska pannbenet och snabbt bygga upp en våg att surfa resten av livet på. Men jag hade ingen aning om att detta alternativ i livet ens fanns.

När jag kom ut från den obligatoriska militärtjänsten, 21 år gammal, var min livsplan istället att växla hårda men korta arbetsperioder med längre perioder av resor. Jag föreställde mig att det med det pannben och den självdisciplin jag jobbat upp på Fallskärmsjägarskolan inte skulle bli någon konst att lägga manken till några månader mot betalning, för att sen kunna resa i kanske över ett år. Men det visade sig dels att jobben som jag kom att utföra (lärarvikarie i småklasser och knegare på en bensinmack) var monotona och nedbrytande på ett outhärdligt sätt som jag inte hade föreställt mig, och dels att de pengar jag lyckades spara ihop på en termins styvt arbete och hårt sparande brändes upp på ännu kortare tid i Brasilien. Jag reste iväg i början av januari; bara tre månader senare var jag hemma igen med så gott som alla pengar spenderade. Och jag var verkligen inte sugen på att gå under de okvalificerade jobbens ok igen.

Det blev en runda till i militären, och därefter påbörjade jag universitetsstudier med någon diffus tanke om att jag då i alla fall skulle kunna få mindre plågsamma jobb efter utbildningen, och kanske även mer betalt per timme. Jag hade inga definierade långsiktiga mål med min tillvaro, och jag hade ingen klar bild om någon mening heller, men i enlighet med tidens anda la jag alla mina resurser på resor och upplevelser. Jag såg till att leva enkelt och sparsamt som student så att jag kunde lägga undan av studiebidraget, och jag jobbade dessutom extra på helgerna (men hade jobbfria sommarlov), för att sen kunna ge mig av på någon större resa under vintern, oftast till Brasilien, varvid mina besparingar brändes upp som krutet i en nyårsraket.

Jag tyckte att jag var smart som levde på detta vis, som sparade hårt för att sen kunna resa. Det kan jag så här i efterhand konstatera att jag inte var. Eller rättare sagt: jag var kanske smartare än många omkring mig, som tanklöst spenderade sina pengar på fika på stan, luncher ute, alkohol på krogen, på kläder och andra dumheter, samtidigt som de var frustrerade över att de aldrig hade nog med pengar för att resa och söka upplevelser, vilket jag tror på den tiden var, och antagligen fortfarande är, en allmän uppfattning om hur man borde ta till vara på sin stund på jorden, om hur man maxade sitt liv. Men jag hade kunnat vara flera gånger smartare, om jag bara hade haft kännedom om ekonomisk vågsurf.

Jag höll på med detta tills jag var 28 år. Tills dess var jag alltså egentligen precis som de flesta andra, det vill säga en kortsiktig och oupplyst upplevelsesökare. Jag var därmed också pank, precis som de flesta är. Det enda goda denna dumma verksamhet av växelvis hårt sparande och växelvis idiotiskt spenderande på resor hade med sig var att jag under sparperioderna hemma i Sverige underkastade mig det sparsamma livets enkelhet, hårdhet och effektivitet – något som jag till sist blev ganska styv på och faktiskt också njöt av. Även om jag slösade bort mina besparingar under resorna som vore det monopolpengar kom jag genom de längre perioderna mellan resorna att befästa en strävsam och flitig livsstil. Denna frugala livsstil, där jag optimerade varje verksamhet med maximal effektivitet så att jag kunde njuta av livet precis lika mycket som alla andra men till en bråkdel av kostnaden – denna livsstil i kombination med att jag inledde ett vanligt arbetsliv med fast lön varje månad och semestern begränsad till fem veckor per år, vilket var för kort tid för att hinna bränna upp alla pengar på resor som förr och som alltså hindrade mig i mina dumheter - dessa två faktorer resulterade tillsammans i att pengarna la sig på hög på mitt bankkonto med en väldig hastighet. Jag var 28 år gammal när detta påbörjades, när min våg började byggas. Under några år pågick vågbygget utan något särskilt mål utan mer som en oavsiktlig konsekvens av att jag gillade och behöll min enkla livsstil samtidigt som nya pengar forsade in på kontot den 25:e varje månad.

*

Nånstans kring 32 års ålder hade jag min eureka-upplevelse då jag äntligen insåg pengars oerhörda kraft och den fantastiska möjligheten att Surfa Vågen. Detta tillfälle står fortfarande livligt för mitt minne.

Jag stod i min husbil med laptopen på köksbänken, på den svarta glasdel som egentligen var locket över själva gasspisen. Jag hade alla ytterkläder på - vinterkängorna, goretexbyxor med långkalsonger under, värmetröja och skaljacka, samt mössa på huvudet. Det var vinter ute, men eftersom det inte var någon vind inne i husbilen kunde fingrarna fippla med datorn utan att bli frusna och stela. Jag utförde några enkla beräkningar i Excel med två siffror: årlig procentuell avkastning och totalt kapital. Resultatet dividerades därefter med 12 för att presenteras som månadsinkomst, vilket var lättare att relatera mina löpande kostnader till. Jag hade nämligen vid det här laget lärt mig och förstått att man kunde få flera procents kontinuerlig avkastning på pengar; jag hade lagt märke till att de stora företag jag ägde aktier i gav mig en utdelning på omkring 4% varje vår. Inledningsvis blev jag förvånad av att dessa pengar plötsligt dök upp på mitt konto, för jag visste inte vad utdelning var. Jag trodde att den enda avkastningen från aktier kom från att sälja dem till ett högre pris än vad de köpts för, men så småningom blev jag bekant med utdelningar och såg fram emot dessa gratispengar på 4% från mina aktier varje vår. Detta var den ena siffran i mina beräkningar. Den andra siffran var mitt totala kapital, som nu hade uppgått till närmre 700 000 kronor genom en regelbunden inkomst från ett låglönejobb kombinerat med sparsamhet och aktiebörsen. 4% avkastning per år på 700 000 kronor blev 28 000 kr; 28 000 kr per år blev 2333 kr i månaden.

2333 kr var inte en stor summa pengar att täcka sina månadskostnader med. Det var rentav långt under den rådande fattigdomsgränsen i Sverige (drygt 10 000 kr/månad, definierad som 50% av medianinkomsten). Men – och detta gjorde hela skillnaden – det var en summa som jag visste att jag kunde leva på. Husbilen, som jag också bodde i, ägde jag och kunde parkera gratis; jag visste från studenttiden, då jag antecknade alla matutgifter, att jag kunde äta mig mätt på mindre än 1000 kr per månad; jag visste ända från barndomen då jag sparade till mitt tält att jag kunde avstå från övrig konsumtion under långa perioder; och jag visste från fallskärmsjägeriet att jag om det skulle behövas alltid kunde fälla ner pannbenet och järnsätta viljan, modet och uthålligheten. 2333 kr var en summa som kunde täcka alla mina utgifter under en hel månad, om jag bara la manken till, och om jag skulle bosätta mig i något fattigare land i till exempel Asien hade jag rentav kunnat leva lyxigt på denna summa. Och dessa 2333 kr skulle mitt kapital pumpa ut om och om igen, resten av livet, som en evighetsmaskin.

Jag hade upptäckt Surfa Vågens magi, och det gjorde mig alldeles hänförd i husbilen den där mörka och kalla kvällen. Min upplevelse var kanske inte lika intensiv som snickaren det berättas om i boken "Your Money or Your Life", som på ett seminarium fick sina ögon öppnade för att Surfa Vågen och i samband med denna insikt plötsligt fick ökad hjärtfrekvens, svettiga handflator, energinivåer som sköt i taket vilket förorsakade honom att högt utbrista "Yes! Yes! Yes!" under det att han skrattade och grät samtidigt. Min upplevelse hade inte lika kraftiga uttryck, men jag ser ändå upptäckten jag gjorde den kvällen, då flera olika pusselbitar plötsligt föll på plats, som en av de avgörande tillfällena i mitt liv. Jag blev i stunden berusad av detta genombrott och kände hur mitt väsen fylldes av en varm och mysig känsla av tillfredsställelse och framtidshopp. Jag tror det var en kombination av de fantastiska möjligheter som öppnade upp sig och att jag tidigare inte ens kunnat föreställa mig att detta var möjligt för någon som mig från medelklassen: den totala friheten, friheten att kunna göra vad man vill i resten av sitt liv, inte behöva jobba för pengar mer en endaste dag om man inte vill, samt att allt detta var inom räckhåll för mig.

Jag hade vid detta tillfälle missat att det skulle bli 30% kapitalskatt på den där avkastningen jag räknat med, eftersom jag ännu inte upptäckt investeringssparkonton eller kapitalförsäkringar. Så 2333 kr per månad som redan hade varit en styv utmaning att klara sig på var egentligen en överskattning. Men jag hade en gång för alla upptäckt Surfa Vågen, och satte nu för mig själv målet att spara ihop 3 miljoner kronor. 4% avkastning – vilket som jag nämnt tidigare brukar anses som en rimlig uppskattning på vilken avkastning man kan förvänta sig kunna ta ut löpande med aktier utan att riskera sitt kapital – på 3 miljoner kronor blev 120 000 kr per år, 10 000 kr per månad, vilket jag skulle kunna leva på med god marginal. Förra året, då jag var 37 år och hade tillbringat 9 år i arbetslivet, började jag närma mig dessa 3 miljoner och avvecklade därför mitt lönearbete. Men detta gjorde jag tydligen inte snabbt nog, för jag sköt över målet och landade på 3.5 miljoner kronor för min "pension", som nu när detta skrivs har blivit 3.8 miljoner kronor. Eftersom 4% av dessa pengar täcker mina levnadsomkostnader gott och väl har jag nu per definition gått i "pension".

När jag höjer blicken och betraktar mitt tidigare arbetsliv ser jag att det hela tiden handlat om en flykt från smärta. Det började med de där okvalificerade jobben som lärarvikarie och på bensinmacken, där varje minut var en plåga. Sen efter universitetsstudierna fick jag en doktorandtjänst, där den dagliga verksamheten av att tänka, läsa, räkna och skriva i och för sig passade mig, men där jag inte såg någon mening med projekten och där jag kände så lite respekt för ledningen, förutom min närmsta handledare, att jag kom att avsky hela stället de fyra år jag jobbade där. Därefter startade jag eget och jobbade som konsult i fem år, vilket var en rejäl förbättring i både frihetskänsla och lön. Men det var och förblev ett gyllene fängelse, det var förbättringar inom ramen av tvångsarbete. Det var hela tiden någon annans agenda jag jobbade på; jag var i princip inget annat än en prostituerad, även om jag kunde välja mina kunder, fick stimulerande arbetsuppgifter och bra betalt. Nu, med min våg i ryggen, har jag för avsikt att närma mig arbete från rätt vinkel. Jag tänker fråga mig: vad vill jag syssla med, vad känns viktigt, vad känns meningsfullt? Hur vill jag spendera mina dagar, vilka vill jag umgås med, vad vill jag förbättra, vad vill jag åstadkomma? När jag funnit detta blir följdfrågan: kan jag på något sätt få business i denna syssla? Det vore ju bra om jag kunde få det, då har jag ordnat mig mitt drömjobb. Men om inte så spelar det ingen roll, för jag har min våg att surfa på ändå. Jag behöver inte längre inkomsten från ett lönearbete. Då blir sysselsättningen vad man kallar för "hobby", eller "obetalt arbete". "Arbete", som är förknippat med tvång eftersom det är ekonomiska behov som driver en in i det, är helt enkelt borta. Och jag saknar det inte det minsta.

Vad händer om alla skulle Surfa Vågen?

Men – undrar kanske ni nu, eller undrar andra detta vända till er – hur skulle det gå om alla levde så här, om alla surfade vågen? Några måste ju arbeta, det är arbete som bygger samhället. Ska vi stänga alla skolor, sjukhus och domstolar, ska vi lägga ner Försvarsmakten? Och skulle det inte bli en ekonomisk kollaps om folk slutade konsumera och istället levde så där sparsamt, med en djup lågkonjunktur och massarbetslöshet som konsekvens? Förresten, är det inte hyckleri det där med att Surfa Vågen, att å ena sidan förespråka en enkel lågkostnadslivsstil men å andra sidan leva på avkastning från aktier, som kommer av att andra inte har denna livsstil utan faktiskt spenderar pengar på företagens produkter?

Vissa skulle hävda att det inte är någon idé att diskutera detta, eftersom surflivsstilen bara verkar passa en mycket liten andel av befolkningen. Men att kunna upphöja sitt handlande till allmän lag, det vill säga att också andra handlar likadant och att handlingen då fortfarande vore önskvärd, har föreslagits som moraliskt kriterium för handlingar av inflytelserika filosofer som Immanuel Kant och Peter Singer. Frågan vad som skulle hända med samhället och ekonomin om alla surfade vågen ska därför tas på allvar. Jag gör inga anspråk på att vara någon expert på detta område, men eftersom jag inte hittat någon ordentlig diskussion eller djupare analys på annat håll presenterar jag mina tankar kring dessa frågor här.

Ekonomisk kollaps

En massövergång till vågsurf skulle innebära förändringar i konsumtionsmönster, det är uppenbart. Men det behöver inte betyda att industrier plötsligt en morgon är värdelösa eller att stora massor arbetare plötsligt står utan syssla och förlorar sin inkomst. Vad som anses nödvändigt för ekonomin att producera skulle förändras, men så länge denna förändring inte kommer allt på en gång kan ekonomin hinna ställa om sig. Och man kan inte genast börja surfa vågen, det tar ett decennium tills man är igång. Med stegvisa små ändringar finns det möjlighet för marknaden att anpassa sig och för politiker att agera mot negativa konsekvenser, även om summan av alla dessa små ändringar över tid blir stor. Jag förstår oron, men tror det är osannolikt att utbrett vågsurferi skulle orsaka en ekonomisk kollaps.

Hyckleri

Att kalla Surfa Vågen för hyckleri har jag märkt är en vanlig och spontan reaktion från folk då de får höra om denna idé, och jag förstår vad de menar. Om jag inte skulle spendera mina pengar på champagne, till exempel, utan istället spara dem och köpa aktier i företaget som producerar champagnen, så skulle jag till sist kunna surfa vågen på avkastningen från dessa aktier så länge andra fortsätter att dricka champagne. Men om de tog efter mig skulle det inte fungera, eftersom champagneföretaget inte skulle generera några vinster längre. Om jag skulle övertala andra att anamma min frugala livsstil och avstå från att dricka champagne skulle jag såga av grenen som jag sitter på.

Jag kan givetvis följa detta resonemang, men det utgår från ett smalt och ytligt perspektiv på ekonomin. Jag tycker att denna invändning går upp i rök om man tänker lite djupare kring vad välstånd och pengar egentligen är. För det är inte konsumtion som skapar välstånd, det är produktion. Att upprätthålla konsumtion för sin egen skull gör oss inte rika, det är effektiv produktion av vad vi anser nödvändigt och efterfrågar som gör oss rika.

Mitt perspektiv är detta: Det som en ekonomi producerar fördelas till arbetare och ägare av kapitalet. Genom att jobba och spara hårt under en period blir man en av ägarna. Produktionen i en ekonomi bestående av surfare kanske skulle vara av ett annat slag eller rentav krympa, men bara på grund av en motsvarande förändring i preferenser och efterfrågan. Det ekonomin producerar kommer fortfarande att fördelas till arbetarna och ägarna. Om man bara ser till att vara en av ägarna behöver man inte byta ut sin tid i form av arbete för att få sin del.

Kan vi alla leva frugalt och ändå Surfa Vågen? Jag kan inte förstå varför det skulle vara omöjligt. Kanske att den ökade konkurrensen om ägarskap skulle förlänga tiden det tar att arbeta sig upp och bli en surfare, men det kullkastar inte den underliggande principen av att Surfa Vågen.

För samhället nödvändigt arbete
Vilka ska då arbeta om alla surfar? Vilka ska bemanna skolor och sjukhus? Det korta svaret är: de som bygger sin våg. Ett längre svar skulle kunna diskutera ökad automatisering med robotar och artificiell intelligens, samt att ett samhälle som konsumerar mindre också är i behov av mindre produktion. Men ett relaterat och allvarligare problem jag själv ser med ett samhälle av vågsurfare är att poster till avancerade och för samhället mycket viktiga yrken, till exempel erfarna läkare, domare, ingenjörer och militära officerare, inte skulle kunna bli tillsatta. Det räcker inte med att jobba hårt i tio år medan man bygger sin våg för att bli skicklig nog för dessa

yrken, samtidigt som det är yrken ett samhälle är beroende av. Surfa-Vågen-bloggare viftar bort detta eventuella problem med hänvisning till att det är när man gått i "pension" som ens riktiga arbete börjar: det är då man vågar syssla med det man verkligen brinner för och därför kan bli riktigt duktig på, till andras nytta; det är då man vågar starta företag och frigöra sin kreativitet till innovation, vilket är det som driver den ekonomiska utvecklingen.

Jag känner mig inte genast övertygad om att detta skulle stämma, men mina egna iakttagelser inom den akademiska världen, där jag arbetade under en period, stödjer faktiskt denna hypotes. Där såg man gamla professorer som verkligen brann för sitt arbete, där arbetet var deras största intresse i livet, som fortsatte att bidra med sin kompetens och gedigna erfarenhet långt efter pensionsålder, och som till sist fick tvingas bort från sina arbetsplatser. Dessa professorer hade rejäla pensioner som väntade på dem, det var uppenbart att detta inte handlade om pengar. Jag tänker också på Benjamin Franklin, killen som på 1700-talet i USA jobbade sig upp från fattigdom till vågsurferi tidigt i livet genom sin företagsamhet i boktryckarkonsten men som inte la sig på latsidan arbetsmässigt trots ekonomiskt oberoende, utan tvärtom växlade upp till en helt annan nivå och tjänade sitt samhälle, land och hela mänskligheten med styvt och effektivt arbete som statsman, diplomat och vetenskapsman till sin död. Elon Musk, som är känd från Tesla och SpaceX, och som tjänade en förmögenhet när han sålde PayPal i unga år, är ytterligare ett exempel. Jag skulle gissa att han jobbar mer nu som surfare än vad han någonsin gjort tidigare.

Bloggare som Mr Money Mustache kanske har en poäng i att den bättre delen av ens arbetsliv inleds då man börjat surfa vågen. Men jag tycker ändå att frågan om vem som ska uppbära krävande och ansvarsfulla yrken i ett samhälle av vågsurfare är den viktigaste kritiken av denna livstil.

*

En övergång till utbrett vågsurferi, liksom alla större förändringar, skulle givetvis ha negativa konsekvenser i sitt kölvatten. Men dessa eventuella baksidor bör vägas mot möjliga framsidor.

Miljön
En viktig fördel med utbredd surfing är ett lägre tryck på jordens ekosystem. Hur ekosystemen ska hantera bördan av att allt fler blir rikare och börjar njuta av den resursintensiva västerländska livsstilen är en av vår tids stora utmaningar. Detta gäller inte bara klimatförändringar utan

även andra faktorer som avskogning, förlust av biologisk mångfald och övergödning. Studier pekar på att säkerhetsgränserna för flera viktiga faktorer som påverkar ekosystemens hälsa redan har överskridits på grund av mänsklig aktivitet, och motsvarande gränser för andra faktorer är på väg att överskridas (se till exempel Steffen W, Richardson K, Rockstrom J, et al. Sustainability. Planetary boundaries: guiding human development on a changing planet. Science. 2015;347 (6223):1259855). Detta ökar risken för att ekosystem ska övergå till nya tillstånd, eller rentav kollapsa, vilket resulterar i nya och kanske avsevärt sämre förhållanden för mänsklig civilisation.

Problemet är att det är den rika västerländska livstilen som är den underliggande orsaken till överskridandet av dessa gränser. Många andra miljöproblem på lokal nivå, till exempel dålig luftkvalitet i städer och förorenat dricksvatten, blir tvärtom bättre när ett samhälle blir mer ekonomiskt effektivt och rikare. Men dessa större globala miljöproblem är tyvärr en konsekvens av de mest avancerade och produktiva ekonomierna, som i alla andra aspekter skapar de bästa förutsättningarna för människan. Tack vare ekonomisk utveckling lämnar miljarder människor nu fattigdomen och börjar njuta frukterna av detta rika liv, vilket kommer att pressa den sammanlagda effekten av mänsklig aktivitet ytterligare bortom de säkerhetsgränser för ekosystemen som redan överskridits, och kanske pressa oss över några av de gränser som ännu inte överskridits. Den svåra utmaningen för vår och kommande generationer är därför att ordna så att vi å ena sidan har tillgång till den höga livskvalitet en produktiv ekonomi tillhandahåller, och å andra sidan se till att vi är väl inom ekosystemens säkerhetsgränser för att inte riskera att förstöra grunden för vår civilisation och ekonomi.

Detta kommer antagligen att kräva bidrag från flera håll: från ny teknologi, från alternativa politiska åtgärder och från livsstilsändringar. Jag tror att surfare kommer att göra ett starkt bidrag till det senare. En surfares effektiva livsstil leder inte bara till mer pengar i plånboken, mer fritid, förbättrad hälsa och ökat välmående utan också till ett mindre ekologiskt fotavtryck. Jag tycker att denna aspekt är en mycket viktig potential för utbredd surfing.

Stabilitet i ekonomin
En annan positiv konsekvens är att det skulle råda en större ekonomisk stabilitet i Surfland. Om var och en lever med god marginal under sina tillgångar och har en rejäl ekonomisk buffert skulle det bli mindre omskakningar i samhället av rörelser i ekonomin. Perioder med

ökad arbetslöshet, till exempel, skulle inte utgöra samma hot i ett surfarsamhälle som i vårt nuvarande samhälle. Med en våg att surfa på, eller början till en våg att tillfälligt leva av över en svår period av arbetslöshet, behövs inga akuta insatser från staten och inte heller nån dramatisk förändring av den arbetslöses livssituation.

Jag har också svårt att föreställa mig att finanskriser skulle uppstå så som 2008, då den amerikanska bostadsbubblan imploderade vilket orsakade finansiella svallvågor genom hela världen med stora ekonomiska problem som följd, vilket i sin tur tände missnöje och ilska och rentav ledde till protester och uppror, samt förberedde jorden för populistiska och högerextrema rörelser att gro. Upprinnelsen till hela den krisen med vars konsekvenser vi fortfarande måste handskas idag tio år senare var just att människor som inte hade pengar levde som om de hade pengar. Hade de varit vågsurfare hade de inte köpt ett hus som de inte hade råd med; hade de varit vågsurfare hade de inte ökat på sina bostadslån efterhand som värdet av bostäderna steg med bubblan, för att bränna dessa lånade pengar på lyx; hade de varit vågsurfare hade de haft en ekonomisk buffert att betala räntan på lånen med även under tuffare perioder istället för att genom vräkning från bostaden vara den bricka som föll ur grunden och till sist fick hela finanssystemet att rämna.

Och ekonomisk instabilitet är inget skämt. Högerextrema odemokratiska partier har efter finanskrisen 2008 fått fäste i de flesta europeiska länder, och även om vi kanske inte upplevt det själva så har vi läst om hur despotiska ledare lyckats komma till makten i försvagade ekonomier, så som Hitler gjorde på 30-talet i Tyskland där hyperinflation och massarbetslöshet härjade. Att vågsurferi och hela den livsstil detta är förknippat med minskar risken för ekonomisk instabilitet är något vi verkligen bör sätta värde till.

*

Slutligen skulle jag vilja möta olika invändningar mot vågsurferi på samhällelig skala med den generella kommentaren att det inte vore farligt att testa. Vågsurferi skulle komma underifrån, från enskilda individers egen lust att förbättra sina liv, och det skulle komma långsamt. Stora och radikala samhällsförändringar som gått åt skogen, även om den ursprungliga idén varit att förbättra situationen för folkmassan – som de som infördes av Lenin i Ryssland, Castro på Kuba, Pol Pot i Kambodja för att nämna några – har tvärtom kännetecknats av att komma uppifrån, från några enstaka individers tankar om hur andra ska ha det, och av att införas snabbt. Dessa experiment har trots goda avsikter resulterat i brutalitet och mänsklig misär. Att

Surfa Vågen representerar också stora och radikala förändringar, men eftersom det tar tid att bygga upp en våg uppstår konsekvenser på samhällsnivå långsamt, varvid fel kan korrigeras. Och eftersom beslutet att bygga våg fattas av individerna själva behöver inte statens våldsmaskineri tas i bruk för att garantera projektets framåtskridande. Det må vara ovisst idag hur samhället och ekonomin skulle fungera om alla eller ett större flertal valde att surfa vågen, men surfarlivsstilen hyser en god potential för såväl individers välmående som för bidrag till lösningar av stora samtida problem, inte minst miljö- och finansproblem. Och det vore inte farligt att utforska detta alternativ.

www.ingramcontent.com/pod-product-compliance
Lightning Source LLC
Chambersburg PA
CBHW030522220526
45463CB00007B/2680